... C'ÉTAIT L'ÉPIDÉMIE !!!. LES PREMIERS QUI AVAIENT TOUCHÉ LA MÉTÉORITE FURENT RÉDUITS EN MINIATURES...

... D'AUTRES TOUCHÈRENT LES PETITS HOMMES...

... ET PAR SIMPLE CONTACT, LORS D'UNE POIGNÉE DE MAIN...

... LORS D'UN BAISER DONNÉ ...

... LE PHÉNOMÈNE DE MINIATURISATION SE RÉPANDIT COMME UNE TRAÎNÉE DE POUDRE PARMI TOUTE LA POPULATION DU VILLAGE DE RAJEVOLS...

... ET TOUS, UNIS, RECRÉÈRENT UNE VILLE À LEUR TAILLE, DANS LES CITERNES DÉSAFFECTÉES DU CHÂTEAU D'ESLAPION !

FIN

Dépôt légal : juin 1990   D.1990/0089/59
ISBN 2-8001-1744-3   ISSN 0771-9361
©1990 by Seron and Editions Dupuis.
Tous droits réservés.
Imprimé en Belgique.

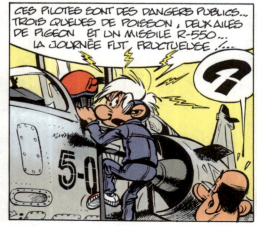

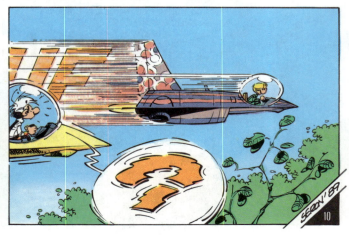

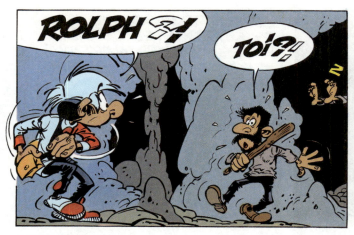

DES PETITS HOMMES ! POURQUOI ? COMMENT EST-CE ARRIVÉ ?? TELLES SONT LES QUESTIONS QUE VOUS VOUS POSEZ, AMIS LECTEURS...
SUIVEZ-MOI !
... C'EST SIMPLE : TOUT A COMMENCÉ À RAJEVOLS...
... ET TOUT LE MONDE Y ÉTAIT DE TAILLE NORMALE, QUAND, UN BEAU MATIN...
... PAS DE DOUTE, UN JEUNE CHERCHEUR VENAIT DE TROUVER, DANS SON JARDIN, UN FRAGMENT DE MÉTÉORITE, QU'IL APPORTA À UN AMI SAVANT...
...ET C'EST LE LENDEMAIN QUE TOUT A COMMENCÉ...
POPS
POPS